전염병
경보 발령!

전염병 경보 발령!

변승우 지음

도서출판 거룩한진주

CONTENTS

1 "구원에 이르게 하는 회개"의 진짜 의미!   **19**

2 "구원에 이르게 하는 회개"의 두 가지 단서!   **29**

3 "구원에 이르게 하는 회개"의 명백한 증거!   **41**

4 "구원에 이르게 하는 회개"와 두 가지 근심!   **55**

전염병 경보 발령!

하나님의 뜻대로 하는 근심은
후회할 것이 없는
구원에 이르게 하는 회개를 이루는 것이요
세상 근심은 사망을 이루는 것이니라.

고린도후서 7:10

지난해 10월 28일부터 AI(조류 인플루엔자)가 유행해서 비상이 걸렸습니다. 그러더니 최근에는 구제역이 발생해서 비상이 걸린 상태입니다. 그런데 최근 교회 안에도 소소하게나마 여기저기서 영적 전염병의 조짐이 보입니다. 그래서 말씀의 제목을 「전염병 경보 발령!」으로 정했습니다.

그런데 설교 제목과 본문이 매치가 되십니까? 안 되시지요! 그렇더라도 염려하지 마십시오. 설교를 듣다 보면 절묘하게 매치가 되는 것을 보고 깜짝 놀라게 되실 것입니다.

저는 원래 오늘 다른 설교를 하려고 했습니다. 그 설교를 금요일 밤 11시가 넘도록 준비해서 3분의 2 이상 준비를 끝낸 상태였습니다. 그런데 토요일 아침 갑자기 고린도후서 7장에 대해 정확히 알고 싶은 갈망이 솟아났습니다. 저는 요즘 교회로 출발하기 전 집에서 2시간 정도 기도를 드린 후

교회로 옵니다. 그런데 고린도후서 7장에 대해 바로 알고 싶은 갈망이 얼마나 크게 일어나는지 빨리 교회 서재로 오고 싶어 예외적으로 기도도 않고 교회로 출발했습니다.

그리고 교회에 도착하자마자 고린도후서 주석 책들을 있는 대로 꺼내놓고 읽던 중, 저는 경악할 수밖에 없었습니다. 그 장에 나오는 "구원에 이르게 하는 회개"가 저나 다른 설교자들이 평소 생각해왔던 것과 완전히 다른 것이었기 때문입니다. 더구나 그 장에서 사도 바울이 준 교훈은 우리 교회에 너무나도 시의적절하고 꼭 필요한 진리였습니다. 저는 영으로 그것이 하나님께서 우리 교회에 주시는 중대한 메시지라는 것을 알았습니다.

이 설교는 우리 교회의 모든 목회자들에게 필요한 메시지입니다. 그리고 모든 사역자와 셀 리더 그리고 전 성도들에게 반드시 필요한 메시지입니다. 저는 이 설교를 통해 교회를 흔들려는 마귀의 역사가 모두 드러나고 교회가 반석 위에 세워져서 아무도 흔들 수 없는 교회가 될 것이라고 믿습니다. 이렇게 말하니 어떤 메시지인지 더 궁금하시죠? 지금부터 설명해드릴 터이니 잘 들으시기 바랍니다.

사도행전에 나오는 "광야교회"(행 7:38)라는 표현이 보여주듯, 이스라엘은 교회의 그림자입니다. 즉 교회의 거울입니다. 그러므로 광야에서 이스라엘 백성들이 멸망한 4가지 이유는 교회와 무관하지 않습니다. 그런데 이스라엘이 광야에서 멸망받은 이유 중의 하나가 무엇인지 아십니까?

고린도전서 10:10 "그들 가운데 어떤 사람들이 원망하다가 멸망시키는 자에게 멸망하였나니 너희는 그들과 같이 원망하지 말라."

여기에 나오는 '원망'은 그냥 원망 불평이 아니라 하나님이 세우신 지도자에 대한 원망입니다. 이스라엘 백성들은 광야 생활 초기부터 하나님의 사람 모세를 원망했습니다.

출애굽기 15:24 "백성이 모세에게 원망하여 이르되 우리가 무엇을 마실까 하매"

출애굽기 16:2-3 "이스라엘 자손 온 회중이 그 광야에서 모세와 아론을 원망하여 이스라엘 자손이 그들에게 이르되 우리가 애굽 땅에서 고기 가마 곁에 앉아 있던 때와 떡을 배불리 먹던 때에 여호와의 손에 죽었더라면 좋았을 것을 너희가 이 광야로 우리를 인도해 내어 이 온 회중이 주려 죽게 하는도다."

출애굽기 17:2-3 "백성이 모세와 다투어 이르되 우리에게 물을 주어 마시게 하라. 모세가 그들에게 이르되 너희가 어찌하여 나와 다투느냐? 너희가 어찌하여 여호와를 시험하느냐? 거기서 백성이 목이 말라 물을 찾으매 그들이 모세에게 대하여 원망하여 이르되 당신이 어찌하여 우리를 애굽에서 인도해 내어서 우리와 우리 자녀와 우리 가축이 목말라 죽게 하느냐?"

그들은 또다시 이렇게 원망했습니다.

민수기 14:2 "이스라엘 자손이 다 모세와 아론을 원망하며 온 회중이 그들에게 이르되 우리가 애굽 땅에서 죽었거나 이 광야에서 죽었으면 좋았을 것을"

이처럼 심지어 "죽었으면 좋았을 것을"이라고 원망했습니다. 그런데 잘 들으십시오! 하나님께서 계속되는 그들의 원망을 다 듣고 계셨습니다. 그리고 이렇게 말씀하셨습니다.

민수기 14:27-30 "나를 원망하는 이 악한 회중에게 내가 어느 때까지 참으랴? 이스라엘 자손이 나를 향하여 원망하는 바 그 원망하는 말을 내가 들었노라. 그들에게 이르기를 여호와의 말씀에 내 삶을 두고 맹세하노라. **너희 말이 내 귀에 들린 대로 내가 너희에게 행하리니 너희 시체가 이 광야에 엎드러질 것이라.** 너희 중에서 이십 세 이상으로서 계수된 자 곧 나를 원망한 자 전부가 여분네의 아들 갈렙과 눈의 아들 여호수아 외에는 **내가 맹세하여 너희에게 살게 하리라 한 땅에 결단코 들어가지 못하리라.**"

무서운 말씀이지요! 한마디로 "죽었으면 좋았겠다고 그렇게 죽는 게 소원이라면 죽어라!"입니다. 그런데 더 놀라운 것은, 그들은 그 뒤로도 하나님을 두려워하지 않고 모세를 원망했다는 것입니다. 실제로 그 뒤 16장에 비로소 가장 대표적인 반역 사건이 나옵니다. 고라, 다단, 아비람, 온이 당을 짓고 회중 가운데에서 이름 있는 지휘관 이백오십 명이 그들과 함께 일어나서 모세를 원망하고 대적했습니다. 그래서 하나님께서 친히 그들을 심판하셨는데, 고라의 무리들은 땅이 입을 벌려 산 채로 음부에 떨어졌고, 함께 반역한 지휘관 250인도 여호와께로부터 불이 나와서 모두 불에 타 죽었습니다.

여러분은 어떻게 생각하십니까? 이제 그들이 정신을 차리고 원망 불평을 그쳤을 것 같지요. 그러나 아닙니다! 그 뒤를 읽어보고 저는 믿을 수가 없었습니다. 참으로 경악을 금치 못했습니다.

민수기 16:41 "이튿날 이스라엘 자손의 온 회중이 모세와 아론을 원망하여 이르되 너희가 여호와의 백성을 죽였도다 하고"

회중이 하나님의 심판이 있은 지 하루 만에 모세와 아론을 원망했다는 것도 경악할 일이지만, 하나님의 직접적인 심판으로 죽은 그들에 대해 "너희가 여호와의 백성을 죽였도다!"라고 말하는 것을 읽고 저는 정말 할 말을 잊었습니다. 그들은 하나님을 조금도 두려워하지 않았습니다. 이제 원망 불평은 그들에게 끊을 수 없는 습관이 되어 있었습니다.

그러니 하나님께서 이 악한 자들을 그냥 두시겠습니까? 하루 만에 다시 하나님께서 직접 이들을 심판하셨습니다.

민수기 16:42-49 "회중이 모여 모세와 아론을 칠 때에 회막을 바라본즉 구름이 회막을 덮었고 여호와의 영광이 나타났더라. 모세와 아론이 회막 앞에 이르매 여호와께서 모세에게 말씀하여 이르시되 **너희는 이 회중에게서 떠나라 내가 순식간에 그들을 멸하려 하노라** 하시매 그 두 사람이 엎드리니라. 이에 모세가 아론에게 이르되 **너는 향로를 가져다가 제단의 불을 그것에 담고 그 위에 향을 피워 가지고 급히 회중에게로 가서 그들을 위하여 속죄하라. 여호와께서 진노하셨으므로 염병이 시작되었음이니라. 아론이 모세의 명령을 따라 향로를 가지고 회중에게로 달려간즉 백성 중에 염병이 시작되었는지라. 이에 백성을 위하여 속죄하고 죽은 자와 산 자 사이에 섰을 때에 염병이 그치니라. **고라의 일로 죽은 자 외에 염병에 죽은 자가 만 사천칠백 명이었더라.**"

그런데 이 모든 사건을 한마디로 요약해서 기록한 것이 바로 고린도전서 10장 10절입니다. 그리고 광야의 이스라엘 백성은 우리와 무관한 것이 아니라 바울이 말한 대로 우리의 경계와 거울입니다. 신약시대에도 원망 불평을 일삼는 자들은 누구든지 똑같은 심판과 멸망을 받게 된다는 뜻입니다. 그래서 바울뿐 아니라 신약성경의 저자들은 이렇게 썼습니다.

야고보서 5:9 "형제들아 서로 원망하지 말라. 그리하여야 심판을 면하리라. 보라 심판주가 문 밖에 서 계시니라." [서로 원망해도 심판을 받는다면 목회자에 대해 원망 불평할 때 얼마나 더 심판을 받겠는가? 생각해보라.]

유다서 1:14-16 "아담의 칠대 손 에녹이 이 사람들에 대하여도 예언하여 이르되 보라 주께서 그 수만의 거룩한 자와 함께 임하셨나니 이는 뭇 사람을 심판하사 모든 경건하지 않은 자가 경건하지 않게 행한 모든 경건하지 않은 일과 또 경건하지 않은 죄인들이 주를 거슬러 한 모든 완악한 말로 말미암아 그들을 정죄하려 하심이라 하였느니라. **이 사람들은 원망하는 자며 불만을 토하는 자며 그 정욕대로 행하는 자라. 그 입으로 자랑하는 말을 하며 이익을 위하여 아첨하느니라."**

이처럼 성경은 분명히 원망하고 불만을 토하는 자들이 심판받고 멸망한다고 경고하고 있습니다. 그런데 신약에서 이 사실을 가장 극적으로 보여주고 있는 곳이 바로 고린도후서 7장입니다. 그래서 이 장을, 특히 7-13절에 대해 여러분에게 자세히 설명해드리고자 합니다.

1

"구원에 이르게 하는 회개"의 진짜 의미!

고린도후서 7:10 "하나님의 뜻대로 하는 근심은 후회할 것이 없는 **구원에 이르게 하는 회개**를 이루는 것이요 세상 근심은 사망을 이루는 것이니라."

여러분, 이 구절에 나오는 "구원에 이르게 하는 회개"에 대해 어떻게 생각하십니까? 찰스 피니를 비롯해서 대부분의 설교자들이 이 구절을 불신자들이 회개하고 구원받아야 할 것을 설명할 때 사용합니다. 저도 그랬습니다. 그러나 이 구절은 불신자가 회개하고 구원받는 것과 무관합니다! 왜냐하면 이 구절은 불신자가 아니라 이미 구원받은 신자들에 대해 쓰고 있는 말씀이기 때문입니다.

본문을 잘 읽어보고 대답하십시오. "구원에 이르는 회개"를 한 사람들이 누구입니까? 불신자들입니까? 아닙니다. 이미 구원받은 고린도교회 성도들입니다. 그래서 저는 과거에 본문을 읽을 때마다 '왜 구원에 이르게 하는 회개를 예수를 믿지 않는 불신자들이 아니라 고린도교회 성도들이 하지?' 하고 궁금해하곤 했습니다. 그러므로 여기서 바울이 말한 회개는 불신자들이 아니라 신자들이 해야 할 회개입니다.

물론 이런 회개가 필요 없는 신자들도 있습니다. 저는 우리 교회의 90-95%가 그런 성도라고 믿습니다. 그러나 이런 회개가 필요한 성도들도 있습니다. 그들의 경우 이 죄를 회개하지 않으면 믿는 자일지라도 심판을 받고 지옥에 던져지게 됩니다. 믿기 힘드시겠지만 사실입니다. 왜냐하면 사도 바울이 친히 이 회개를 해야 구원에 이른다고 했고, 그러지 않으면 사망을 이루게 된다고 했기 때문입니다(고후 7:10).

안타깝게도, 칼빈이 주장한 "한 번 구원은 영원한 구원"이라는 거짓 교리 때문에 신학자들이 바울서신에 '사망'이라는 단어가 나올 때마다 걸핏하면 그것을 심판과 멸망이 아닌 보다 가벼운 의미로 왜곡시키려고 합니다. 이 구절에 대한 해석들에서도 그런 현상이 보입니다. 그러나 여기서 '사망'은 '구원'과 대조를 이루고 있는 '사망'입니다. 그러므로 결코 다른 의미가 될 수 없습니다. 때문에 이상근 박사님은 이 구절에 대해 이렇게 주해했습니다.

"여기서 구원과 사망은 영생과 영벌을 뜻하고 육적 구원이나 사망을 가리키지 않는다."[1]

그러므로 목회자든 신자든 만일 자신이 해당된다면 반드시 이 죄를 회개해야 합니다.

그러면 사망을 가져오는 이 무시무시한 죄는 구체적으로 어떤 죄일까요? 그것은 이스라엘이 모세를 원망했듯이 하나님이 기름 부어 세우신 종들을 비난하고 원망 불평하는 것입니다. 절대로 이 죄를 심상히 여기지 마십시오. 이 죄는 사소한 것이 아니라 가장 무시무시한 죄 중의 하나입니다. 왜냐하면 주의 종들을 대적하는 것은 곧 하나님을 대적하는 죄가 되기 때문입니다.

그런데도 너무 많은 사람들이 이 죄를 가볍게 생각합니다. 그래서 이 죄가 얼마나 크고 무서운 죄인지 여러분이 깨달을 수 있도록 간증을 하나 소개해드릴까 합니다. 케네스 해긴 목사님의 『결혼, 이혼 그리고 재혼』이라는 책에 나오는 간증입니다.

"내가 마지막으로 목회했던 교회에, 이제 교회로 다시 돌아

---

[1] 이상근 『신약주해 고린도서』 서울: 기독교문사, 2006. p. 327.

온 한 가정이 있었다. 그들은 수년간 교회에 나오지 않았었다. 아버지가 제단 앞에 나와 하나님과의 교제를 회복하고, 성령 충만을 받았다.

그들의 막내딸은 열한 살이었다. 그 어린 소녀는 제대로 성장이 되지 않았다. 키는 일곱 살짜리처럼 작았고, 지능도 일곱 살 정도의 지능인 것 같았다. 실제로 그 아이는 일곱 살인 우리 어린 딸과 함께 놀았다. 이 어린 소녀는 배우는 게 느려서 학교 공부를 따라갈 수 없었다. 그러나 그 아이는 구원을 받고 성령 충만을 받았다. 그러자 그 아이의 지능이 향상되는 것 같았다. 아주 상냥한 소녀였다.

그러는 사이, 우리는 교회를 사임하고 떠났다.

약 3년 후쯤, 그들은 이 어린 소녀를 달라스의 병원에 입원을 시켜야 했다. 그들은 우리에게 와서 기도를 해달라고 부탁했다. 그 아이는 산소 텐트에 들어갔고 코마 상태에 있었다. 의사들은 아이의 뇌에 종양이 있다고 생각했다. 아이가 오래 살지 못할 것이라고 그들은 말했다.

그래서 내가 기도했다. 그런 다음, 아내와 나는 우리 집회로 돌아왔다. 그러나 그 딸이 더 악화되었기 때문에 그들이 다시 우리를 불렀다. 그래서 우리는 다시 기도했다.

우리는 마침내 집회를 마치고 집으로 차를 몰았다. 우리가 집에 도착하자, 전화가 울렸다. 그들은 우리에게 달라스의 병

원으로 와서 이 딸에게 안수를 해달라고 했다.

나는 병원으로 가서 그 소녀의 산소 텐트를 걷어 올렸다. 나는 그녀의 이마에 손을 얹고 기도를 시작했다.

내가 두 눈을 감고 있는 동안, 내 손 위에 따뜻한 손이 느껴졌다. 그래서 내가 소녀의 머리에서 내 손을 뗐다. 나는 생각하기를, 아마도 그 아이의 엄마가 내 손을 그 아이의 이마에서 뗀 게 아닌가 했다. 그래서 나는 다시 눈을 감고 내 손을 그 아이에게 올렸다. 또다시 내가 그 따뜻한 손을 느꼈다. 그래서 세 번째는 내 눈을 뜨고 있었다. 내가 그 따뜻한 손을 느꼈지만, 아무 손도 보이지 않았다.

내가 주님께 말했다.

'왜 주님께서 내 손을 그 아이의 머리에서 떼셨습니까?'

그분이 말씀하셨다.

'그 아이가 죽을 것이기 때문이다.'

'주님' 내가 말했다. '그 아이는 주님을 사랑해요. 그 아이가 거듭나고 성령 충만을 받았을 때 제가 그를 보았어요. 그런데 왜 그 아이가 죽는단 말입니까?'

주님이 말씀하셨다.

'그 아이는 한쪽 신장이 완두콩 크기만 하고, 다른 쪽 신장은 원래 크기의 절반 정도밖에 안 된다. 그 아이는 종양이 있는 게 아니다. 그 아이는 반쪽 신장만 가지고 지금까지 기능을 해왔었다. 마침내 이 독이 전신으로 퍼져서 그 아이의 뇌에 침입한 것이다. 그 때문에 그 아이가 코마 상태에 있는 것이다.'

'그렇다면 주님께서 그 아이를 고치실 수 있잖아요?'

내가 물었다.

주님이 말씀하셨다. '그 아이가 태어나기 전에 그 아이의 부모들이 뭔가 조치를 취했어야 했었다. 그 아이의 엄마가 임신하여 아홉 달 있을 동안, 그 아이의 아빠가 담임목사님의 어떤 말에 시험이 들어 교회를 떠났다. 그는 타락했고 그가 가는 곳마다 목사님을 험담했다. 그리고 그 아이의 엄마는 임신한 아이를 위해 기도하는 게 아니라, 교회의 모든 성도들에 대해 돌아다니며 험담을 퍼뜨렸다. 그들은 마귀에게 문을 열어주었다. 그 아이를 그냥 천국으로 오게 해라. 내가 그를 돌보아주고 싶구나.'

그 남편과 아내가 영적으로 책임이 있었다. 그들은 타락해서 목사님에 대해 악담할 필요가 없었다. 만일 그들이 목회자를 악담했다면, 그들의 기도는 응답을 받지 못할 게 당연했다. 그들이 돌아다니며 험담을 퍼뜨렸다면, 그들의 기도는 응답을 받지 못할 게 당연했다."[2]

---

2   케네스 E. 해긴 『결혼, 이혼 그리고 재혼』 오태용 옮김. 서울: 베다니, 2016. pp. 288-291.

여러분 충격이지요! 그리고 두려우십니까? 마땅히 두려워해야 합니다. 왜냐하면 하나님이 기름 부어 세우신 종들에 대해 원망하고 불평하는 것은 단순히 이 정도로 끝나지 않기 때문입니다. 만일 그가 회개하지 않는다면 그 죄가 그를 구원에서 제외시킵니다. 그의 구원을 파괴합니다! 그래서 사망에 이르게 합니다. 즉 영벌에 이르게 합니다. 그러므로 여러분 모두 정말로 두려워하시고 만일 그런 죄를 조금이라도 지었다면 지금 당장 회개하고 돌이키시기 바랍니다.

2

"구원에 이르게 하는 회개"의 두 가지 단서!

이제 심각해지셨지요! 왜 어제 교회 인터넷 카페에 "우리 교회의 모든 교역자와 성도들에게 주시는 하나님의 특별한 말씀이 있습니다."라는 제목으로 글을 올리고 오늘 예배에 모두 반드시 참석하라고 했는지 아시겠지요!

그러나 아직도 어떤 사람은 이렇게 생각할지도 모르겠습니다.

'진짜로 본문에서 바울이 말한 죄가 교회 지도자들을 원망하고 불평한 죄가 맞나? 담임목사님이 자신에 대해 원망 불평하지 못하게 하고 성도들을 단속하려고 인위적으로 이런 해석을 하고 있는 것은 아닐까?'

그런 생각 하지 마십시오. 절대, 아닙니다! 그 증거로, 저는 바울이 다루고 있는 죄가 주의 종들에 대해 원망 불평하는 죄를 의미한다는 분명한 단서를 보여드리고, 그 후 다음 대지에서 더 확실한 증거를 보여드리고자 합니다. 먼저, 바울이 본문에서 말한 회개하지 않으면 신자까지도 사망에 이르게 하는 죄가 실제로 목회자에 대한 원망불평 죄를 의미한다는 단서가 본문에 분명하게 나타나 있습니다.

(1) 첫 번째 단서: 7-8절

"그가 온 것뿐 아니요 오직 그가 너희에게서 받은 그 위로로 위로하고 **너희의 사모함과 애통함과 나를 위하여 열심 있는 것을** 우리에게 보고함으로 나를 더욱 기쁘게 하였느니라. 그러므로 내가 편지로 너희를 근심하게 한 것을 후회하였으나 지금은 후회하지 아니함은 그 편지가 너희로 잠시만 근심하게 한 줄을 앎이라."

여기 '편지'가 언급되어 있는데, 이 편지를 혹자는 '고린도전서'를 가리킨다고 보기도 합니다. 그러나 대부분의 학자들은 소위 '눈물의 편지' 또는 '준엄한 편지'로 봅니다. 이 편지는 바울이 A.D. 55년경 고린도교회에 대한 '가슴 아픈 방문'

을 끝내고 돌아온 후 A.D. 56년 봄 디도 편으로 보낸 것으로 보이며 지금은 분실되어 전해지지 않고 있습니다.

그런데 중요한 것은 7절에 나오는 '사모함'과 '애통함'과 '바울에 대해 열심 있는 것'입니다. 그래서 하나씩 설명해드리겠습니다.

1) 사모함

바울이 고린도에 소위 '가슴 아픈 방문'을 한 후 양자 사이는 심각하게 냉각되어갔습니다. 그래서 바울은 다시 고린도를 방문할 때 상황이 더 악화되지 않도록 직접 방문하는 것을 피했습니다(2:1). 그러나 이제 상황이 달라졌습니다. 고린도 교인들은 바울을 몹시 보고 싶어 했습니다. 더구나 바울이 고린도 교인들을 방문하려다가 취소한 적이 있었기 때문에(2:1), 그들은 바울을 다시 볼 수 있기를 간절히 원했습니다.

2) 애통함

이것은 고린도 교인들이 바울의 슬픈 방문 때 보여준 그들의 행동에 대해 애통해하는 것입니다. 즉 적대자들이 바울을 공격할 때 바울을 옹호하지 않았던 것에 대해 통회하는 마음을 갖게 된 것입니다. 그리고 바울이 오지 못하는 것에 대해 안타까워하고 있음을 보여주는 것입니다.

3) 열심 있는 것

고린도 교인들은 놀랍게도 과거와 달리 바울을 위해 무엇이든 하려는 열심을 가지고 있었습니다. 이러한 열심은 그들이 모든 것을 정상으로 돌려놓겠다고 열심을 보인 것, 즉 바울의 지적을 따라서 화해를 이루고자 한 것을 통해서 드러났을 것입니다. 또한 고린도 교인들이 이제 대적자들의 공격에 대항하여 바울을 옹호한 것 즉 바울이 이 서신을 보내기 전에는 그들에게 없었던 충성심을 통해서도 드러났을 것입니다.[3] 이처럼 달라진 고린도 교인들의 소식을 들었을 때 바울이 얼마나 위로를 받고 기뻐했겠습니까?

이것이 이 세 가지 단어 속에 담긴 의미입니다. 그런데 이것은 본문이 주의 종의 권위를 인정하고 사랑하며 순복하는 것과 관련이 있다는 것을 보여줍니다. 따라서 이를 통해 우리는 "구원에 이르게 하는 회개"에 나오는 고린도 교인들이 회개한 죄가 주의 종에 대해 원망 불평하거나 불순종하거나 대적하는 죄였다는 것을 알 수가 있습니다.

---

3 랠프 P. 마틴 『고린도후서』 김철 옮김. 서울: 솔로몬, 2013. p. 471.

(2) 두 번째 단서: 12절

"그런즉 내가 너희에게 쓴 것은 그 불의를 행한 자를 위한 것도 아니요 그 불의를 당한 자를 위한 것도 아니요. 오직 우리를 위한 너희의 간절함이 하나님 앞에서 너희에게 나타나게 하려 함이로라."

여기서 논란이 되는 것은 '바울이 구체적으로 밝히지 않고 있는 가해자와 피해자가 누구인가?' 하는 것과 '가해자의 구체적인 범죄 행위는 무엇인가?' 하는 것입니다. 두 가지 견해가 있습니다.

첫째, '불의를 행한 자와 그가 저지른 불의는 고린도전서 5장 1절 이하에 기록된 고린도교회 내의 음행 사건, 즉 아비의 아내를 취한 패륜아 사건이었다'고 보는 견해입니다. 이럴 경우 '불의를 당한 자'는 아들에게 아내를 빼앗긴 아버지가 될 것입니다.

둘째, '불의를 행한 자는 고린도교회에 들어온 거짓 교사이며, 이들이 저지른 불의한 행위는 바울의 사도직에 도전하고 그를 대적한 것'이라고 보는 견해입니다. 이 경우 피해자는 바울입니다.

얼핏 보면, '불의를 행한 자'가 고린도전서 5장에서 언급한

음행과 근친상간죄를 지은 자로 보입니다. 그러나 2장 5절을 볼 때 이 견해는 타당성이 떨어집니다. 왜냐하면 그 구절에 의하면 피해자가 그 사람의 아버지가 아니라 바울과 고린도 교인들로 나타나기 때문입니다.

"근심하게 한 자가 있었을지라도 나를 근심하게 한 것이 아니요 **어느 정도 너희 모두를 근심하게 한 것이니** 어느 정도라 함은 내가 너무 지나치게 말하지 아니하려 함이라."

또한 7장 12절에서 바울은 '불의를 행한 자'에 대해 이렇게 썼습니다.

"그런즉 내가 너희에게 쓴 것은 그 불의를 행한 자를 위한 것도 아니요 그 불의를 당한 자를 위한 것도 아니요 오직 우리를 위한 너희의 간절함이 하나님 앞에서 너희에게 나타나게 하려 함이로라."

'불의를 행한 자'에 대한 이런 언급은 고린도전서 5장 5절과 13절에 나오는 그의 단호한 조치와 잘 조화되지 않습니다.

"이런 자를 사탄에게 내주었으니 이는 육신은 멸하고 영은

주 예수의 날에 구원을 받게 하려 함이라. … 밖에 있는 사람들은 하나님이 심판하시려니와 **이 악한 사람은 너희 중에서 내쫓으라.**"

따라서 이 견해보다는 다른 견해가 더 호소력이 있습니다. 그래서 WBC 주석에서 랠프 마틴은 이렇게 썼습니다.

"불의를 행한 자는 바울이 고린도교회에 대하여 고통스러운 방문을 하고 있던 때에 그에게 면전에서 대들고 모욕했던 자였을 가능성이 가장 높다."[4]

실제로 전에 바울이 고린도를 방문했을 때, 외부에서 온 거짓 교사들이 자기들의 권위를 내세우며(3:1) 바울의 권위를 무시하는 언동을 하고 그를 대적했습니다. 그런데 그때 고린도 교인들이 바울의 기대와 달리 적극적으로 바울 편을 들거나 적대자들을 제지하지 않았습니다. 그래서 바울이 편지를 써 보냈는데, 그 목적은 "오직 우리를 위한 너희의 간절함이 하나님 앞에서 너희에게 나타나게 하려 함"(12절)이었습니다.

물론 아무도 '눈물의 편지' 또는 '준엄한 편지'라고 불리는

---

4 랠프 P. 마틴 『고린도후서』 김철 옮김. 서울: 솔로몬, 2013. p. 489.

그 편지의 자세한 내용을 모릅니다. 그러나 그 편지의 내용이 고린도전서와 후서에 기록되어 있는 다음 구절들과 맥을 같이 한다는 것은 분명해 보입니다.

고린도전서 9:1-2 "내가 자유인이 아니냐? 사도가 아니냐? 예수 우리 주를 보지 못하였느냐? 주 안에서 행한 나의 일이 너희가 아니냐? 다른 사람들에게는 내가 사도가 아닐지라도 너희에게는 사도이니 나의 사도됨을 주 안에서 인친 것이 너희라."

고린도후서 5:11-13 "우리는 주의 두려우심을 알므로 사람들을 권면하거니와 우리가 하나님 앞에 알리어졌으니 또 너희의 양심에도 알리어지기를 바라노라. **우리가 다시 너희에게 자천하는 것이 아니요 오직 우리로 말미암아 자랑할 기회를 너희에게 주어 마음으로 하지 않고 외모로 자랑하는 자들에게 대답하게 하려 하는 것이라.** 우리가 만일 미쳤어도 하나님을 위한 것이요 정신이 온전하여도 너희를 위한 것이니"

왜냐하면 12절에서 바울이 그 편지를 쓴 목적을 "오직 우리를 위한 너희의 간절함이 하나님 앞에서 너희에게 나타나게 하려 함"이라고 분명히 밝혔기 때문입니다.

이 설교의 확대 본문이라고 할 수 있는 고린도후서 7장

7-12절은 일종의 인클루지오 구조(수미상관법)를 이룹니다. 7절에 보면 "너희의 사모함과 애통함과 나를 위하여 열심 있는 것을 우리에게 보고함으로 나를 더욱 기쁘게 하였느니라"라고 기록되어 있습니다. 12절에 또다시 "그런즉 내가 너희에게 쓴 것은… 오직 우리를 위한 너희의 간절함이 하나님 앞에서 너희에게 나타나게 하려 함이로라"라고 기록되어 있습니다. 이는 이 장 혹은 이 단락이 다루고 있는 주제가 무엇인지를 보여줍니다. 그런데 그 사이에 10절이 존재합니다.

> "하나님의 뜻대로 하는 근심은 후회할 것이 없는 **구원에 이르게 하는 회개**를 이루는 것이요 세상 근심은 사망을 이루는 것이니라."

그러니 10절의 "구원에 이르게 하는 회개"가 무엇이겠습니까? 그것은 다름 아닌 목회자에 대해 비난하거나 원망하고 불순종하고 대적한 죄에 대한 회개입니다. 이것이 바로 해당 신자들이 반드시 해야 하는 "구원에 이르게 하는 회개"입니다. 누구든 이 죄를 회개하고 돌이키지 않으면 신자일지라도 사망에 이르게 됩니다. 그러므로 이제 아셨으면 여러분 모두 이런 죄를 회개하고 다시는 이 죄를 범하지 마시기 바랍니다.

3

"구원에 이르게 하는 회개"의 명백한 증거!

본문에 나오는 "구원에 이르게 하는 회개"는 불신자들이 구원받기 위해 하는 회개가 아닙니다. 많은 설교자들이 이 구절을 구원에 필요한 회개를 설명할 때 사용합니다. 저도 과거에는 11절이 회개하는 사람들에게 일어나는 일을 기록한 것이라고 생각했습니다. 그래서 11절을 회개의 시금석으로 삼고자 상고하곤 했는데, 아무리 묵상해도 왜 이런 표현을 썼는지 이해가 되지 않고 이상하기만 했습니다. 찰스 하지는 고린도후서 주석에서 우리가 살피고 있는 11절에 대해 이렇게 썼습니다.

"바울이 여기에서 각 사람이 자신의 체험을 판단할 수 있도록 참된 회개의 일관성 있는 결과들을 묘사하려는 것인가 하는 질문이 생길 것이다. 얼핏 보아도 이것이 그 구절의 주요 목적은 아니다. … 그 구절은 역사적인 사실을 다룬 것이다. 그것은 하나님의 뜻대로 하는 근심이 고린도교회에 가져다주었던 결과들을 묘사하고 있다."[5]

이처럼 11절은 불신자들이 하는 회개가 아니라 고린도교회 신자들이 바울에 대한 죄를 회개한 것을 기록한 것입니다. 우리가 이것을 알고 이 구절을 읽으면, 수수께끼 같았던 이 구절의 의미가 불이 들어온 듯 선명하게 보입니다.

마이어(Meyer)와 몇몇 학자들은 "'변명함'과 '분하게 함'은 고린도인들의 자신들에 대한 감정과 연관되며, '두려움'과 '사모함'은 사도 바울을 향한 그들의 감정과 연관되고, '열심'과 '벌하게 함'은 범죄자에 대한 그들의 감정과 연관된다"[6]고 했습니다. 일리가 있는 지적입니다. 그러나 저는 묶어서 설명하지 않고 하나씩 자세히 설명해드리고자 합니다. 제가 장담하지만, 이 설명을 들으면 "구원에 이르게 하는 회개"가 실제로 목회자들에 대한 잘못된 언행에 대한 회개라는 것을 확실히 아시게 될 것입니다.

---

5 찰스 하지『고린도후서 주석』박상훈 옮김. 서울: 아가페, 1991. p. 232.
6 찰스 하지『고린도후서 주석』박상훈 옮김. 서울: 아가페, 1991. p. 234.

(1) "얼마나 간절하게 하며"

"보라 하나님의 뜻대로 하게 된 이 근심이 너희로 **얼마나 간절하게 하며**"

이것은 고린도 교인들이 과거에 바울에 대해 잘못한 것에 대해 그 심각성을 의식하고 바로잡고자 하는 마음을 갖게 되었음을 의미합니다. 그들은 바울과의 관계를 복원하고 화해를 이루는 일에 진지했을 뿐만 아니라, 이 일을 신속하게 이루기를 간절히 원했습니다.[7]

(2) "얼마나 변증하게 하며"

"보라 하나님의 뜻대로 하게 된 이 근심이 너희로… **얼마나 변증하게 하며**"

개역성경은 "변증"을 "변명"으로 번역했습니다. 그러나 이 단어는 잘못을 인정하지 않고 변명하는 것을 뜻하지 않습니

---

7 랠프 P. 마틴 『고린도후서』 김철 옮김. 서울: 솔로몬, 2013. p. 483.

다. 랠프 마틴은 이렇게 썼습니다.

"바울이 고린도 교인들의 행위들과 관련해서 아폴로기아를 사용한 것은 오늘날의 의미에서 '사과' 이상의 것을 의미한다 (Hodge). 또한 **'변명, 핑계'라는 개념이 이 단어의 배후에 있을 가능성은… 없다.**" [8]

그러므로 이 단어를 변명이 아니라 고린도 교인들이 잘못을 인정하고 자신들의 입장에 대해 탄원(歎願)하는 것으로 이해해야 합니다.

(3) "얼마나 분하게 하며"

"보라 하나님의 뜻대로 하게 된 이 근심이 너희로… **얼마나 분하게 하며**"

고린도 교인들이 분하여 했다면, 그것은 누구에 대한 것이었을까요?

---

8 랠프 P. 마틴 『고린도후서』 김철 옮김. 서울: 솔로몬, 2013. p. 484.

먼저, 그들의 분노는 그들 자신에 대한 것이었습니다. 마치 "그때에 너희가 너희 악한 길과 너희 좋지 못한 행위를 기억하고 너희 모든 죄악과 가증한 일로 말미암아 스스로 밉게 보리라"(겔 36:31)라는 말씀처럼, 그들은 과거의 자신들의 잘못에 대해 스스로 분노를 느꼈습니다.

또, 그들의 분노는 바울의 대적들을 향한 것이었습니다. 고린도교회에 들어와 많은 문제들을 일으켰던 범죄자(Barrett, Hering, Bultmann) 또는 거짓 사도들(Filson, Fallon)에 대한 것이었습니다.

(4) "얼마나 두렵게 하며"

"보라 하나님의 뜻대로 하게 된 이 근심이 너희로… **얼마나 두렵게 하며**"

이것은 바울이 '하나님의 사도'로서 하나님을 대신하고 있다고 주장한 것에 대한(5:20) '경외심', 즉 고린도 교인들이 사도인 바울에 대해 가졌던 건강한 두려움을 내포합니다. 이는 고린도전서 4장 21절의 "내가 매를 가지고 너희에게 나아가랴?"라는 말씀을 통해 뒷받침됩니다.

하지만 보다 직접적으로 하나님을 두려워하는 것에 대하여 쓴 것입니다(5:11). 고린도 교인들은 하나님이 보내신 대표자를 잘못 대우했기 때문에 하나님의 진노를 살 위험 속에 있었습니다. 이것을 자각한 그들은 심히 두려워했습니다. 만일 여러분도 같은 죄를 지었다면 두려워해야 합니다. 왜냐하면 그 죄의 결과는 바울이 경고한 대로 '사망'이기 때문입니다(10절).

(5) "얼마나 사모하게 하며"

"보라 하나님의 뜻대로 하게 된 이 근심이 너희로… **얼마나 사모하게 하며**"

이것은 7절에 나오는 "사모함"과 그 내용이 같습니다. 고린도 교인들이 바울을 진정한 사도로 인정하고 만나고 싶어 하고, 다시 예전처럼 신뢰와 사랑의 관계를 회복하고 싶어 하는 것을 뜻합니다.

(6) "얼마나 열심 있게 하며"

"보라 하나님의 뜻대로 하게 된 이 근심이 너희로… **얼마나 열심 있게 하며**"

이것은 고린도 교인들이 악에 대항한 것, 특히 바울을 반대했던 자들을 열심히 대적한 것을 의미합니다. 찰스 하지는 이렇게 썼습니다.

"열심이 7절에서는 '나를 위하여'라는 말로 한정해서 설명되고 있다. 덧붙인 말이 없었더라면 여기에서도 그 말은, 그들이 사도 바울을 지지함으로 나타나는, 곧 그를 위한 열심을 의미했을 것이다. **그러나 뒤에 나오는 구절과의 문맥으로 볼 때, 여기에서의 열심은 죄를 범한 자에 대한 열심으로 생각하는 것이 타당하다.**" [9]

즉 "얼마나 열심 있게 하며" 바로 뒤에 "얼마나 벌하게 하였는가?"라는 표현이 나오기 때문에 바울을 위한 열심이 아니라 바울의 대적들을 반대하는 일에 열심을 낸 것을 의미한다는 것입니다.

---

9 찰스 하지 『고린도후서 주석』 박상훈 옮김. 서울: 아가페, 1991. p. 233.

(7) "얼마나 벌하게 하였는가?"

"보라 하나님의 뜻대로 하게 된 이 근심이 너희로… **얼마나 벌하게 하였는가?**"

"구원에 이르게 하는 회개"를 불신자들이 하는 회개로 생각할 때 가장 걸림이 되고 이해가 안 가는 것이 이 부분입니다. 그런데 바울의 대적들에게 동조하고 방관한 죄를 의미한다고 보면 그 의미가 단번에 깔끔하게 이해됩니다. 이것은 고린도 교인들이 바울을 대적한 자들을 공의에 입각하여 처벌한 것을 의미합니다.

이상 7가지를 열거한 후 바울은 이렇게 썼습니다.

"너희가 그 일에 대하여 일체 너희 자신의 깨끗함을 나타내었느니라."

이 부분은 고린도 교인들의 본래적인 무죄를 가리키는 것과 그들의 잘못이 용서된 것을 가리키는 것 등 해석이 둘로 나뉩니다. 혹자는 본문의 '나타내었느니라'가 '입증하였느니라'를 뜻한다고 봅니다(Barrett). 고린도 교인들이 자신들의 무죄함을 입증했다는 것입니다. 칼빈(Calvin)도 이와 유사한 견해를 보여주는데, 이런 견해는 '자신의 무죄를 입증하게 되었고'로 번역하고 있는 공동번역과도 일치됩니다.

그러나 다른 학자들(Harris, Lowery)은 '고린도 교인들이 전에 실제적인 잘못을 했으나 지금은 회개하고 용서받았기 때문에 깨끗하게 되었다'는 의미로 해석합니다. 랠프 마틴도 이 해석에 동의하며 이렇게 썼습니다.

"플럼머(Plummer)는 바울이 그들을 이전에 죄가 있는 것으로 여겼다는 것을 내비치기조차 원하지 않는다고 주장한다. 그러나 그러한 입장은 바울이 고린도교회에 회개가 있었다는 것을 말했다는 사실을 무시하는 것이다. 왜냐하면 우리는 바울이 고린도교회에서 무언가가 잘못되었다고 생각하지 않았다면 그가 왜 회개를 언급하고 있는지를 물을 수밖에 없기 때문이다." [10]

저도 이 해석이 맞다고 생각합니다. 왜냐하면 11절은 "너희" 즉 고린도 신자들이 한 "하나님의 뜻대로 하는 근심"의 결과를 쓰고 있으며, 그 안에 "얼마나 두렵게 하며"가 나옵니다. 뿐만 아니라 10절에 의하면 "하나님의 뜻대로 하는 근

---

[10] 랠프 P. 마틴 『고린도후서』 김철 옮김. 서울: 솔로몬, 2013. p. 487.

심"은 "후회할 것이 없는 구원에 이르게 하는 회개"를 이룹니다. 그러므로 "너희가 그 일에 대하여 일체 너희 자신의 깨끗함을 나타내었느니라"라는 표현은 고린도교회 성도가 하나님의 뜻대로 근심함으로 회개했음을 의미하며 그 결과 그 죄로부터 깨끗해졌음을 의미하는 것입니다. 사랑하는 여러분, 예수님의 피에는 능력이 있습니다. 그러므로 여러분도 같은 죄를 지었으면 보혈을 의지하여 회개하고 깨끗하게 되시기를 바랍니다.

4

"구원에 이르게 하는 회개"와 두 가지 종류의 근심!

우리는 "구원에 이르게 하는 회개"가 무엇을 의미하는지 분명히 알았습니다. 그런데 이것을 알면 본문에 나오는 두 가지 근심 역시 우리가 알던 것과 다르다는 것을 깨닫게 됩니다. "구원에 이르게 하는 회개"가 불신자가 하는 회개라고 착각했을 때, "하나님의 뜻대로 하는 근심"은 자연히 죄와 심판 때문에 근심하는 것이 됩니다. 그리고 "세상 근심"은 세상적인 일과 문제 때문에 근심하는 것이 됩니다. 그러나 회개의 의미가 다르면 근심의 의미 역시 달라집니다.

그러면 "하나님의 뜻대로 하는 근심"은 무엇이고 "세상 근심"은 무엇일까요?

(1) 하나님의 뜻대로 하는 근심

호크마 종합주석은 "하나님의 뜻대로 하는 근심"에 대해 이렇게 썼습니다.

"여기서 '**하나님의 뜻대로 하는 근심**'은 구체적으로 무엇을 가리키는가? 그것은 **자기의 행위가 하나님의 판단에 합당한 것인가를 생각하여 자기의 잘못을 진정으로 뉘우치고 돌이키는 데까지 나아가는 근심**이다." [11]

여기 중요한 것이 언급되어 있는데, "하나님의 뜻대로 하는 근심"은 겸손히 자기를 돌아보는 것입니다. 반성하면서 하는 근심입니다. 이런 요소가 없으면 하나님의 뜻대로 하는 근심이 아닙니다. 세상 근심입니다!

그런데 옳은 말이긴 하나 이렇게 말하면 범위가 너무 넓어집니다. 과연 본문에서 하나님의 뜻대로 하는 근심은 구체적으로 어떤 것일까요?

고린도후서 7:8-9 "그러므로 내가 **편지로 너희를 근심하게**

---

11 강병도 편 『호크마 종합주석 7 고린도전서-갈라디아서』 서울: 기독지혜사, 1992. p. 449.

한 것을 후회하였으나 지금은 후회하지 아니함은 그 **편지가** 너희로 잠시만 **근심하게 한** 줄을 앎이라. 내가 지금 기뻐함은 너희로 근심하게 한 까닭이 아니요 도리어 너희가 근심함으로 회개함에 이른 까닭이라."

이 구절에 의하면, "하나님의 뜻대로 하는 근심"은 바울의 편지로 인한 근심, 즉 편지를 받기 전에는 잘못을 몰랐다가 편지를 읽고 알게 되어 하게 된 근심입니다. 바울이 보냈던 편지의 내용을 고려할 때 '하나님의 뜻'이 무엇인지는 자명합니다. 그것은 대적하는 자들의 말을 듣고 부화뇌동하거나 원망하고 대적하는 것이 아니라, 사도의 권위를 인정하고 순복하며 그 가르침을 따르는 것입니다. 이것이 하나님의 뜻입니다. 그러므로 '하나님의 뜻'대로 하는 근심은 목회자들을 비난하고 불순종하며 대적한 것이 죄인 줄 깨닫고 그것 때문에 두려워하며 근심하는 것입니다. 그것이 회개를 낳는 "하나님의 뜻대로 하는 근심"입니다.

(2) 세상 근심

이제 "하나님의 뜻대로 하는 근심"과 반대되는 "세상 근심"이 무엇인지 알아보겠습니다. 19세기 최고의 신학자 찰스 하지는 "세상 근심"에 대해 중요한 지적을 했습니다.

> "세상의 근심은 세상적인 근심 곧 세상적인 생각에서부터 생겨나는 근심을 의미하는 것이 아니다."[12]

그러나 그런 것이 세상 근심이 아니라면 도대체 무엇이 세상 근심일까요? 여러분이 이해할 수 있도록 두 가지를 인용해드리겠습니다.

먼저, 찰스 하지는 "세상 근심"에 대해 이렇게 썼습니다.

> "**세상의 근심은 죽음을 초래한다.**
> (1) 세상의 근심(sorrow)은 일상적인 재난으로부터든 자신들의 죄 때문으로든 세속인들이 하는 근심이다.
> (2) 그러한 근심은 죽음을 초래한다: 1. 그것은 사람들로 더 낫게 하는 경향이 없다. …
> 2. **그것은 사람들을 더 나쁘게 한다. 즉, 사람들로 반역적이게 하며, 그들을 악화시키며, 그들로 완고하게 한다.**"[13]

---

12 찰스 하지 『고린도후서 주석』 박상훈 옮김. 서울: 아가페, 1991. p. 231.
13 찰스 하지 『프린스톤 채플노트』 김유배 옮김. 서울: 소망사, 1995. p. 239.

또한, 호크마 종합주석에 보면 이렇게 쓰여 있습니다.

> "'세상 근심'은 분노하고 원한을 품으며 자기를 정당화시키기 위해 애쓰는 근심이다. …[14] 세상 근심에는… 특징이 있다. 그것은 참된 근심이 아니고, 단지 원망에 불과하다. 즉 책벌에 대한 원망… 이라 하겠다."[15]

이제 "세상 근심"이 무엇인지 아시겠지요? 세상 근심은 무엇을 먹을까? 무엇을 마실까? 무엇을 입을까? 하는 그런 세상적인 근심이 아닙니다. 주의 종을 비난하고 순복하지 않았으면서도 그것을 지적받은 후 분노하고 완고한 마음을 가지고 원망하고 원한을 품는 것입니다. 그러면서 어떻게 변명하고, 어떻게 합리화하고, 어떻게 빠져나갈까? 하며 근심하는 것입니다. 이것이 세상 근심이고, 이런 자들은 결국 사망에 이르게 됩니다.

불행하게도 교회 안에 이렇게 반응하는 사람들이 있습니다. 잘못이 드러나고 지적을 받은 후 자기를 돌아보고 회개하지는 않고 도리어 화를 내고 원망하며 합리화하고 변명하며 빠져나갈 길을 찾습니다. 그러다가 사실을 은폐하거나, 말을

---

14 강병도 편 『호크마 종합주석 7 고린도전서-갈라디아서』 서울: 기독지혜사, 1992. p. 449.
15 강병도 편 『호크마 종합주석 7 고린도전서-갈라디아서』 서울: 기독지혜사, 1992. p. 459.

바꾸기도 하고, 거짓말까지도 하는 경우를 저는 많이 보았습니다. 이것이 곧 세상 근심입니다. 이런 사람들은 결국 사망에 이르게 됩니다. 그러므로 여러분 중에는 이런 사람이 한 사람도 없으시기를 바랍니다.

제가 "하나님의 뜻대로 하는 근심"과 "세상 근심"에 대해 이렇게 자세히 설명하는 이유가 있습니다. 이 설교를 듣고 여러분의 눈이 밝아져서 자기의 참 모습을 보고 회개하게 하기 위해서입니다. 여러분, 지난주 제가 한 설교에 어떻게 반응하셨습니까? 그리고 이 설교를 들으면서 마음속으로 어떻게 반응하고 있습니까? 여러분 안에서 하나님의 뜻대로 하는 근심이 일어나고 있습니까? 아니면 세상 근심이 고개를 내밀고 있습니까? 이것으로 스스로를 점검해보시기 바랍니다.

성경에 보면, 바울의 편지에 어떻게 반응하느냐 즉 어떤 근심을 하느냐에 따라 고린도 교인들이 해를 얻거나 유익을 얻게 됨을 알 수 있습니다.

고린도후서 7:9 "너희가 하나님의 뜻대로 근심하게 된 것은 우리에게서 아무 해도 받지 않게 하려 함이라."

여러분도 마찬가지입니다. 이 설교를 통해 어떤 근심을 하느냐에 따라 해를 받을 수도 있고 유익을 얻을 수도 있습니다. 그러므로 교만하여 완고한 마음을 품고 세상 근심을 하지 말고 하나님의 뜻대로 근심하는 여러분 되시기 바랍니다. 그래서 모두 회개하게 되시기를 바랍니다.

끝으로, 솔직히 말해서 여러분이 목회자를 비난하그 불평하고 불순종하고 대적한다고 당장 고라, 다단, 아비람, 온 일행처럼 산 채로 음부에 빠지지는 않습니다. 또 250인 지휘관들처럼 당장 불에 타 죽지도 않을 것입니다. 그러나 착각하지 마십시오. 그렇다고 안전한 것이 아닙니다. 왜냐하면 회개치 않으면 바울이 본문에서 경고한 대로 사망에 이르게 될 것이기 때문입니다(10절). '구원'과 '사망'이 오로지 여러븐의 반응에 달려 있습니다. 그러므로 이 설교에 바르게 반응하는 여러분 되시기를 바랍니다.

결론을 말씀드리겠습니다. 우리는 이 설교를 통해 장로교의 장로 제도가 얼마나 위험하고 잘못된 것인지를 알 수 있습니다.[16] 그리고 장로들 중에 지옥 갈 사람이 얼마나 많은지를 알 수 있습니다.

그러면 우리 교회는 안전할까요? 상대적으로는 분명히 그

---

16 이 주제에 대해 자세히 알고 싶은 분은 저의 책 『장로 그리고 당회는 과연 성경적인가?』라는 책을 읽어보시기 바랍니다.

렇습니다. 그러나 절대적으로 안전한 것은 아닙니다. 이번 수련회 때에 김옥경 목사님이 누누이 강조하셨지만, 우리 교회는 매우 특별하고 중요한 교회입니다. 고1 때 제가 꾼 두 가지 꿈을 기억하시죠? 꿈속에서 수천 명의 학생들이 교회 출입구 계단에 서서 우리 교회가 세워지기를 기도했습니다. 그때 태산만 한 시꺼먼 귀신의 왕 바알세불이 나타나 불같이 화를 내며 으름장을 놓았습니다.

"누가 너희더러 이따위 기도를 하라고 하더냐?"

이렇게 윽박지르며 그 기도를 하지 못하게 했습니다. 이것 하나만 보아도 우리 교회가 세워지는 것을 마귀가 얼마나 싫어하는지 알 수 있습니다. 우리 교회는 마귀가 특별히 미워하는 교회입니다. 우리 교회가 세워진 뒤에도 마귀는 교회를 무너트리기 위해 문자 그대로 발악적으로 역사했습니다. 그렇지 않다면 우리 교회같이 성경적인 교회가 어떻게 이단 소리를 들을 수 있겠습니까? 이것은 분명히 마귀의 역사입니다.

마귀는 살인자요 거짓말쟁이입니다(요 8:44). 그런데 우리 교회에 대한 이단시비는 거짓말과 살인적인 광기가 가득합니다. 이것 하나만 보아도 이단시비의 배후가 누구인지 충분히 알 수가 있습니다.

한편, 마귀는 우리 교회를 밖에서만 공격하지 않습니다. 안에서도 공격합니다. 저와 김옥경 목사님에 대한 거짓되거나 부풀려진 소문들이 그것입니다. 우리 교회는 이미 그로 인해 큰 홍역을 치렀습니다. 물론 하나님의 은혜로 잘 해결이 되었지만, 아직까지도 그때 뿌려진 씨가 남아 있고 소소한 사건들이 일어나곤 합니다. 최근에 제가 들은 것만 해도, 교구 목사라는 사람이 "담임목사님이 교회 사정을 잘 모른다"고 하며 교회지침을 무시하고 독단으로 결정하여 문제를 일으켰습니다. 또 사표를 낸 한 전도사는 "담임목사님이 전도사들의 말은 무시한다. 예전과 달라지셨다"는 사실과 전혀 다른 거짓말에 스스로 속고 있습니다. 또 교구의 한 평신도 리더는 "담임목사님에게 부족한 것이 하나 있는데, 그것이 구원론이다"라는 어이없는 말을 했다고도 합니다.

그런데 다 그런 것은 아니지만 이렇게 문제를 일으키는 사람들 중에는 은사자들이 많습니다. 그러므로 은사를 받은 사람들은 배나 더 조심해야 합니다. 자신의 은사가 무엇이든 절대로 자기를 높이지 마십시오. 은사가 뛰어나다고 교회의 리더가 되는 것이 아닙니다. 왜냐하면 모든 은사는 주의 몸 된 교회의 머리가 아니라 지체의 역할을 하라고 주어진 것이기 때문입니다. 섬기는 은사뿐 아니라 모든 은사들이 섬기라고 주신 것입니다(벧전 4:10). 그런데 성경을 읽다 보면 "다스리는 은사"라는 독특한 은사가 나옵니다.

로마서 12:8 "혹 위로하는 자면 위로하는 일로, 구제하는 자는 성실함으로, **다스리는 자**는 부지런함으로, 긍휼을 베푸는 자는 즐거움으로 할 것이니라."

고린도전서 12:28 "하나님이 교회 중에 몇을 세우셨으니 첫째는 사도요 둘째는 선지자요 셋째는 교사요 그 다음은 능력을 행하는 자요 그 다음은 병 고치는 은사와 서로 돕는 것과 **다스리는 것**과 각종 방언을 말하는 것이라."

물론 이들도 섬기는 자입니다(막 10:42-45). 그러나 이들은 다스림으로 교회를 섬깁니다. 그리고 이 은사는 아무리 기도를 많이 해도 성도들에게는 주어지지 않습니다. 오중사역자들 중에서도 교회를 담임하는 목사들에게 주시는 은사입니다. 방금 전 읽어드린 고린도전서 12장 28절에 대해 케네스 해긴 목사님은 심지어 이렇게 말했습니다.

"사도와 선지자직은 고린도전서 12:28 후반부의 '다스리는 것'과 관련한 은사와는 전혀 상관이 없는 직분이었습니다. **일차적으로 바울 사도가 말한 '다스리는 것'(은사)은 사도나 선지자의**

직분과는 별개로, 목사 직분의 은사가 아니었나 생각됩니다."[17]

같은 책에서 해긴 목사님은 "다스리는 것"(고전 12:28)이 대해 다시 이렇게 썼습니다.

"에베소서 4:11의 목사에 해당하는 직분으로 생각됩니다."[18]

다른 책에서도 해긴 목사님은 또 이렇게 썼습니다.

"다스리는 직분(the governments)은 목사의 직분을 나타냅니다. 왜냐하면 목사는 교회의 대표이기 때문입니다. 목사는 교회에서 다스리며 목회를 합니다."[19]

여러분도 잘 아시겠지만, 에베소서 4장 11절에 사도, 선지자, 복음 전하는 자, 목사와 교사가 나옵니다. 그런데 고린도전서 12장 28절에는 사도, 선지자, 교사만 나옵니다.

---

17 케네스 E. 해긴 『교회를 잘 섬기는 직분과 사역 은사』 정승혜 옮김. 서울: 베다니, 2012. p. 62.
18 케네스 E. 해긴 『교회를 잘 섬기는 직분과 사역 은사』 정승혜 옮김. 서울: 베다니, 2012. p. 196.
19 케네스 E. 해긴 『성령과 성령의 은사들』 홍주영 옮김. 서울: 베다니, 2012. p. 90.

"하나님이 교회 중에 몇을 세우셨으니 첫째는 **사도**요 둘째는 **선지자**요 셋째는 **교사**요 그 다음은 능력을 행하는 자요 그 다음은 병 고치는 은사와 서로 돕는 것과 **다스리는 것**과 각종 방언을 말하는 것이라."

그러면 '복음 전하는 자'와 '목사'는 어디로 갔을까요?

먼저 아셔야 할 것이 있는데, 성경에 나타나 있는 복음전도자는 빌리 그래함식의 복음전도자가 아니라 오랄 로버츠식의 복음전도자입니다. 즉 예수님이나 12사도 혹은 바울처럼 능력전도를 한 사람들입니다. 그러므로 "그 다음은 능력을 행하는 자요 그 다음은 병 고치는 은사와" 이것이 복음전도자를 묘사한 것이라고 할 수 있습니다.

그러면 목사는 어디에 있을까요? "다스리는 것"이 바로 목사입니다. 교회를 맡아 목회하는 목사는 다스리는 자로 세워진 자입니다. 그러므로 성도들은 마땅히 목회자에게 순종하고 복종해야 합니다.

히브리서 13:17 "**너희를 인도하는 자들에게 순종하고 복종하라.**"

행여라도 제가 이 설교를 통해 자기를 높이거나 자기 입지를 강화하려 한다고 오해하지 마십시오. 제가 이 설교를 하는 이유는 하나님께서 목사를 다스리는 자로 세우시고 권위를 주신 것이 여러분을 위한 것이기 때문입니다.

고린도후서 10:8 "주께서 주신 권세는 너희를 무너뜨리려고 하신 것이 아니요 세우려고 하신 것이니 내가 이에 대하여 지나치게 자랑하여도 부끄럽지 아니하리라."

목회자의 권위가 세워져야 교회가 튼튼해지고 어린 성도들이 안전합니다. 제가 이 설교를 준비할 때 주님이 제 영에 분명하게 말씀하셨습니다.

'나는 교회를 반석 위에 세우기를 원한다.

마태복음 16:18 '또 내가 네게 이르노니 너는 베드로라. 내가 이 반석 위에 내 교회를 세우리니 음부의 권세가 이기지 못하리라.'

이것은 신학생 시절 철야기도를 할 때에 내가 네게 말한 것이 아니냐? 여기서 '반석'은 베드로의 신앙고백 즉 진리다. 그런데 목회자의 권위가 바르게 세워져야 그가 하는 설교가 사람의 말이 아니라 하나님의 말씀으로 성도들에게 들린다 (살전 2:13). 즉 진리로 들린다. 그 결과 성도들이 반석 위에 선 믿음을 가질 수 있고, 교회가 반석 위에 세워진 교회가 될 수가 있다. 반석 위에 세워진 교회는 음부의 권세가 이길 수 없다. 그 누구도 그 교회를 흔들 수 없다. 그러므로 나는 이 설교를 통해 너희 교회가 반석 위에 세워진 교회가 되길 원한다.'

저는 이 하나님의 뜻을 받들어, 교회를 반석 위에 세우기 위한 구체적인 지침을 한 가지 말씀드리고자 합니다. 앞에서 제가 소개해드린 케네스 해긴 목사님의 간증을 기억하시죠? 수년간 목회자에 대해 험담해온 아빠와 엄마를 둔 아픈 아이에 대해 주님이 뭐라고 말씀하셨습니까?

"그 아이를 그냥 천국으로 오게 해라. 내가 그를 돌보아주고 싶구나."

본래 돌보는 것은 부모가 할 일입니다. 이 말은 곧 목회자에 대해 비판적이고 험담을 일삼는 자는 자기 자녀를 제대로 돌볼 수 없다는 뜻입니다. 그런데 하물며 담임목사와 교회의 지도자들에 대해 험담을 일삼는 셀장, 엘더, 전도사, 교구목사 그리고 지교회 담당목사가 성도들을 제대로 돌볼 수 있겠습니까? 세자르 카스텔라노스는 『G-12 리더십』이라는 책에서 이렇게 말했습니다.

> "**목사에 대해서도, 지도자에 대해서도, 교회에 대해서도 결코 험담하지 말라.** 만약 당신이 다른 이들에게서 많은 단점을 본다면 기도하라. 주님께서 당신에게 그들을 위한 기도의 임무를 주고 계신지도 모르기 때문이다. <u>이스라엘 백성 가운데 광야로 갈 때 수군거리던 모든 자들이 약속의 땅을 보지 못한 채 쓰러졌음을 기억하라. 철저하도록 하라. 그리고 셀그룹 내에서 험담하는 자를 허용하지 말라.</u>"[20]

지난 일은 기회를 주기 위해 용서하겠습니다. 그러나 이 설교 이후에 교회의 지도자들에 대해 부정적인 말을 하는 셀장, 엘더, 전도사, 교구목사 그리고 지교회 담당목사가 있다면 주저하지 말고 보고해주시기 바랍니다. 그러면 사실여부를 알아보고 사실로 밝혀지는 대로 성도들의 안전을 위해 해임하도록 하겠습니다.

끝으로, 여러분에게 꼭 해드리고 싶은 말이 있는데 이 설교

---

20 세자르 카스텔라노스 『G-12 리더십』 홍주연·서효정 옮김. 서울: NCD, 2002. pp. 304-305.

는 단지 교회를 위한 것만이 아닙니다. 여러분 개개인을 위한 것입니다. 이유는 스캇 하프만의 말에 잘 나타나 있습니다.

> "하나님의 대표자를 멸시하는 것은 복음에 대한 잘못된 태도와 관련되는 것이기 때문에 고린도인들을 위험한 상태에 놓이게 했다."[21]

불트만(Bultmann)도 같은 지적을 했는데, 이렇게 말했습니다.

> "복음을 위한 결단과 바울을 위한 결단은 동일한 것이다. 고린도 교인들이 바울을 이해하지 못할 때, 그들은 복음도 이해하고 있지 못한 것이다. 왜냐하면 그들의 이러한 잘못된 주장은 바울이라는 한 개인에 대한 것이 아니라 사도 및 복음에 대한 것이기 때문이다."[22]

맞는 말입니다. 왜냐하면 목회자들을 존중하지 않으면 그들이 전하는 복음과 진리에 바르게 반응할 수 없기 때문입니다. 반항적이고 반역적인 사람들은 아무리 교회에 열심히 다녀도 영혼이 가뭄 때와 같이 말라비틀어집니다. 죽어갑니다!

---

21 스캇 J. 하프만 『NIV 적용주석 고린도후서』 채천석 옮김. 서울: 솔로몬, 2013. p. 363.
22 랠프 P. 마틴 『고린도후서』 김철 옮김. 서울: 솔로몬, 2013. p. 476. 재인용.

설교에 은혜를 못 받기 때문입니다. 그래서 영혼의 생명을 잃어버린 사람들이 얼마나 많은지 모릅니다. 진실로 목회자의 권위를 인정하고 순복하는 것은 단지 교회를 위한 것이 아니요 여러분 자신을 위한 것입니다. 때문에 저는 다음 성경구절을 소개하면서 이 설교를 마치고 싶습니다.

> 갈라디아서 4:13-15 "내가 처음에 육체의 약함으로 말미암아 너희에게 복음을 전한 것을 너희가 아는 바라. 너희를 시험하는 것이 내 육체에 있으되 이것을 너희가 업신여기지도 아니하며 버리지도 아니하고 오직 나를 하나님의 천사와 같이 또는 그리스도 예수와 같이 영접하였도다. **너희의 복이 지금 어디 있느냐?** 내가 너희에게 증언하노니 너희가 할 수만 있었더라면 너희의 눈이라도 빼어 나에게 주었으리라."

옳습니다. 하나님이 세운 목회자들을 천사와 같이 그리고 그리스도 예수와 같이 영접하고 순복하는 것이 바로 여러분에게 복입니다!

거룩한 진주의 도서들 1

- **다이아몬드 같은 진리!** 변승우 | 신국판 528면 | 값 16,000원
- **다이아몬드 같은 진리! (평신도용)** 변승우 | 신국판 488면 | 값 16,000원
- **다이아몬드 같은 진리! (영문판)** 변승우 | 신국판 495면 | 값 16,000원
- **하나님이 절대주권으로 예정하셨다고요?**
  변승우 | 신국판 296면 | 값 8,000원
- **터** 변승우 | 신국판 292면 | 값 9,000원
- **터 (영문판)** 변승우 | 신국판 256면 | 값 12,000원
- **길** 변승우 | 신국판 228면 | 값 7,000원
- **계시** 변승우 | 신국판 124면 | 값 4,000원
- **교회가 변하면 세상이 변한다!** 변승우 | 신국판 250면 | 값 7,000원
- **교회가 변하면 세상이 변한다! (중국어판)**
  변승우 | 신국판 212면 | 값 10,000원
- **교회가 변하면 세상이 변한다! (영문판)**
  변승우 | 신국판 220면 | 값 10,000원
- **지옥에 가는 크리스천들 (수정증보판)** 변승우 | 신국판 416면 | 값 12,000원
- **지옥에 가는 크리스천들 (영문판)** 변승우 | 신국판 변형 300면 | 값 $14.99
- **정경의 권위** 변승우 | 신국판 160면 | 값 7,000원
- **정통보다 더 성경적인 교회!** 변승우 | 신국판 180면 | 값 8,000원
- **종교개혁은 아직 끝나지 않았다!** 변승우 | 신국판 148면 | 값 5,500원
- **풋대** 변승우 | 신국판 184면 | 값 5,000원
- **?** 변승우 | 신국판 312면 | 값 11,000원

- **아~ 믿으라는 말이 이런 뜻이었구나?**
  변승우 | 신국판 변형 96면 | 값 5,000원
- **종말론 바로 알기!** 변승우 | 신국판 변형 88면 | 값 4,500원
- **당신의 고백을 점검하라!**
  변승우 | 신국판 변형 64면 | 값 4,000원
- **당신의 자녀를 하나님의 자녀가 되게 하라!**
  변승우 | 신국판 변형 108면 | 값 5,000원
- **사랑하는교회(舊 큰믿음교회) 이단시비 종결되다!**
  변승우 편저 | 신국판 196면 | 값 6,000원
- **십일조 대논쟁!** 변승우 | 신국판 144면 | 값 7,000원
- **하나님의 집인가? 귀신의 집인가?**
  변승우 | 신국판 변형 84면 | 값 5,000원
- **하나님이 주신 비전!** 변승우 | 신4.6판 136면 | 값 4,000원
- **박해** 변승우 | 신국판 변형 140면 | 값 5,000원
- **과부 명부!** 변승우 | 신4.6판 120면 | 값 2,500원
- **나는 행복합니다** 변승우 | 신4.6판 124면 | 값 4,000원
- **성경이 무엇을 말하느냐?** 변승우 | 신국판 변형 168면 | 값 5,000원
- **멍에** 변승우 | 신국판 200면 | 값 5,000원
- **사랑받고 사랑하는 사람!** 변승우 | 신4.6판 120면 | 값 4,000원
- **크리스천의 문화생활** 변승우 | 신4.6판 64면 | 값 2,500원
- **하나님의 선물** 변승우 | 신4.6판 128면 | 값 4,000원

거룩한진주의 도서들 2

- **하나님의 부르심** 변승우 | 신4.6판 60면 | 값 2,500원
- **알면 사랑할 수밖에 없는 하나님**
  변승우 | 신4.6판 40면 | 값 2,000원
- **교회를 허무는 마귀의 교리 은사중지론!**
  변승우 | 신4.6판 64면 | 값 3,000원
- **종교개혁보다 나를 개혁하는 것이 더 중요하다!**
  변승우 | 신국판 348면 | 값 9,000원
- **천국의 가장 작은 자가 어떻게 세례 요한보다 클 수가 있나?**
  변승우 | 신국판 변형 96면 | 값 3,000원
- **자의식 대수술!** 변승우 | 신국판 184면 | 값 4,500원
- **여호와의 입에서 나오는 말씀** 변승우 | 신국판 282면 | 값 7,700원
- **특별히 예언을 하려고 하라!** 변승우 | 신국판 314면 | 값 9,000원
- **패러다임의 전환이 필요한 전통적인 계시관**
  변승우 | 신국판 176면 | 값 5,000원
- **다림줄 (수정증보판)** 변승우 | 신국판 138면 | 값 5,000원
- **하나님의 인자와 엄위 그 가운데 생명의 좁은 길이 있습니다!**
  변승우 | 신4.6판 113면 | 값 4,000원
- **예수빵** 변승우 | 신국판 변형 112면 | 값 4,000원
- **1세기의 사도와 오늘날의 사도** 변승우 | 신국판 161면 | 값 5,000원
- **내가 너희를 사랑한 것같이!** 변승우 | 신국판 200면 | 값 4,500원
- **올바른 성경 읽기** 변승우 | 신국판 120면 | 값 4,000원

- **용서는 나를 위한 것이다!** 변승우 | 신국판 114면 | 값 4,000원
- **예언을 멸시하지 말라!** 변승우 | 신국판 190면 | 값 5,000원
- **내가 꿈꾸어온 교회** 변승우 | 신국판 148면 | 값 4,000원
- **구원에 이르는 지혜** 변승우 | 신국판 변형 114면 | 값 3,000원
- **구원에 이르는 지혜 (영문판)** 변승우 | 신국판 변형 96면 | 값 8,000원
- **구원에 이르는 지혜 (일본어판)** 변승우 | 문고판 102면 | 값 800円+税
- **구원에 이르는 지혜 (중국어판)** 변승우 | 신국판 변형 96면 | 값 €,000원
- **예수님이 전부입니다!** 변승우 | 신국판 114면 | 값 5,000원
- **주여~** 변승우 | 신국판 변형 288면 | 값 6,600원
- **날 사랑하심! 날 사랑하심~** 변승우 | 신국판 172면 | 값 6,500원
- **주께서 보여주신 선(善)** 변승우 | 신국판 118면 | 값 4,500원
- **주의 음성을 네가 들으니!** 변승우 | 신국판 136면 | 값 5,500원
- **교회여~ 추수꾼들을 일으켜라!** 변승우 | 신국판 142면 | 값 5,000원
- **습관적인 죄에 대한 새로운 이해!** 변승우 | 신국판 134면 | 값 5,000원
- **월드컵보다 더 중요한 경기** 변승우 | 신국판 변형 130면 | 값 3,500원
- **청년이 무엇으로 그의 행실을 깨끗하게 하리이까?**
  변승우 | 신국판 110면 | 값 3,500원
- **진짜 구원받은 사람도 진짜 버림받을 수 있다!**
  변승우 | 신국판 355면 | 값 9,500원
- **할렐루야!** 변승우 | 신국판 148면 | 값 4,500원
- **여호와의 산, 그 거룩한 곳!** 변승우 | 신국판 112면 | 값 4,000원

거룩한 진주의 도서들 3

- **미혹** 변승우 | 신국판 136면 | 값 5,000원
- **실전 영분별** 변승우 | 신국판 172면 | 값 6,600원
- **하나님은 용기 있는 사람을 쓰신다!** 변승우 | 신국판 128면 | 값 5,000원
- **말씀 말씀 하지만 성경에서 벗어난 제자 훈련**
  변승우 | 신국판 변형 183면 | 값 5,000원
- **명목상의 교인인가? 미성숙한 신자인가?**
  변승우 | 신국판 변형 79면 | 값 3,300원
- **기름부음 받은 자를 존중하라!** 변승우 | 신국판 98면 | 값 5,000원
- **정통의 탈을 쓴 짝퉁 기독교** 변승우 | 신국판 변형 295면 | 값 5,500원
- **긴급 수혈** 변승우 | 신국판 변형 73면 | 값 4,000원
- **양신 역사** 변승우 | 신국판 변형 147면 | 값 4,500원
- **장로 그리고 당회는 과연 성경적인가? (수정증보판)**
  변승우 | 신국판 110면 | 값 3,500원
- **가짜는 진짜를 핍박한다!** 변승우 | 신국판 변형 163면 | 값 5,500원
- **그 시에 주시는 그 말을 하라! 즉흥 설교 제1권**
  변승우 | 신국판 변형 304면 | 값 7,000원
- **그 시에 주시는 그 말을 하라! 즉흥 설교 제2권**
  변승우 | 신국판 변형 305면 | 값 7,000원
- **그 시에 주시는 그 말을 하라! 즉흥 설교 제3권**
  변승우 | 신국판 변형 293면 | 값 7,000원
- **그 시에 주시는 그 말을 하라! 즉흥 설교 제4권**

변승우 | 신국판 변형 292면 | 값 7,000원

- **그 시에 주시는 그 말을 하라! 즉흥 설교 제5권**

  변승우 | 신국판 변형 264면 | 값 7,000원

- **꺼져가는 등불, 양심** 변승우 | 신4.6판 87면 | 값 2,500원
- **목사님, 어떻게 해야 마음이 청결한 자가 될 수 있나요?**

  변승우 | 문고판 90면 | 값 2,000원

- **열방이 너희를 복되다 하리라!** 변승우 | 신4.6판 77면 | 값 3,000원
- **좋은 씨와 맑은 물** 변승우 | 신국판 290면 | 값 5,000원
- **대질심문** 변승우 | 신국판 324면 | 값 6,000원
- **강남 사는 이작골 스타일 목사의 산소 같은 산행일기**

  변승우 | 4.6배판 변형 312면 | 값 16,500원

- **영광에서 영광으로** 김옥경 | 신국판 360면 | 값 12,000원
- **영광에서 영광으로 (영문판)** 김옥경 | 신국판 변형 336면 | 값 20,000원
- **하나님이 창안하신 부부질서** 김원호 | 신국판 변형 273면 | 값 8,000원
- **어떻게 하나님의 음성을 듣는가**

  김원호 | 신국판 변형 303면 | 값 8,000원

- **변질된 기독교 [절판]** 강금성 | 신국판 236면 | 값 8,000원
- **'주께서' 이 안에 치유의 비결이 있다!**

  이길용 | 신4.6판 116면 | 값 3,500원

- **물러서지 않는 것이 신앙이다!**

  이윤석 | 신4.6판 80면 | 값 3,000원

거룩한진주의 도서들 4

- **읽는 자는 깨달을 찐저!** 강순방 | 신국판 184면 | 값 5,000원
- **읽는 자는 깨달을 찐저! (영문판)** 강순방 | 신국판 184면 | 값 5,000원

번역서

- **그 발 앞에 엎디어** 썬다 싱 | 신국판 변형 148면 | 값 6,000원
- **아주사 부흥 - 그 놀라운 간증** 토미 웰첼 | 신국판 변형 250면 | 값 9,500원
- **가브리엘 천사를 만나다**

  롤랜드 벅 | 찰스 & 프랜시스 헌터 엮음 | 신국판 272면 | 값 11,000원

- **주여! 내 마음을 살피사** 찰스 G. 피니 | 신국판 376면 | 값 8,500원
- **데이빗 윌커슨의 베스트 설교** 데이빗 윌커슨 | 신국판 변형 216면 | 값 7,700원
- **깨어나라!** 존 물린디·마크 대니얼 | 신국판 388면 | 값 11,000원
- **용서하라! 그들은 자기가 하는 일을 모른다!**

  밥 존스 | 문고판 74면 | 값 3,000원

- **가브리엘 천사를 만난 사람**

  롤랜드 벅·샤론 화이트 | 신국판 246면 | 값 7,700원

- **하나님과 친구 되기 [절판]** 마크 듀퐁 | 신국판 변형 185면 | 값 7,000원
- **예수님의 보혈 [절판]** 롤랜드 벅 | 신국판 236면 | 값 10,000원
- **기도와 금식의 놀라운 권능 [절판]**

  마헤시 차브다 | 신국판 316면 | 값 12,000원

- **아바 아버지 [절판]** 하이디 & 롤랜드 베이커 | 신국판 315면 | 값 10,000원
- **너는 나의 친구라! [절판]** 밥 존스 | 변승우 엮음 | 신국판 434면 | 값 13,000원

- **너는 나의 친구라! (영문판) [절판]**

  밥 존스 | 변승우 엮음 | 신국판 310면 | 값 15,000원

- **무명 선지자의 일기 [절판]** 웬디 알렉 | 신국판 328면 | 값 12,000원

- **부르심의 책들 [절판]** 폴 키스 데이비스 | 신국판 268면 | 값 10,000원

- **추수의 천사들 [절판]** 폴 키스 데이비스 | 신국판 390면 | 값 12,000원

- **전진하라! [절판]** 바비 코너 | 신국판 변형 183면 | 값 7,700원

- **사탄의 비밀 [절판]** 스티브 포스 | 신국판 변형 208면 | 값 7,000원

- **말의 권세 [절판]** 바니 존스 | 신국판 242면 | 값 10,000원

- **천국과 동역하는 삶 [절판]**

  폴 키스 데이비스 | 신국판 242면 | 값 10,000원

- **중국의 어린이 부흥과 천국에 대한 비전 [절판]**

  H. A. 베이커 | 신국판 215면 | 값 8,000원

- **대부흥을 향하여 [절판]** 퓨셔 피켓 | 신국판 279면 | 값 10,000원

- **하나님의 영역 [절판]** 패트리샤 킹 | 신국판 268면 | 값 8,800원

- **선포하라! [절판]** 패트리샤 킹 | 신국판 변형 198면 | 값 7,000원

대한예수교 장로회(부흥)

한국 교회의 개혁을 주도해 나아갈 대한예수교 장로회(부흥) 교단

1. 교단 가입 조건

아래의 다섯 가지 신조에 동의하는 분만 가입할 수 있습니다.

(1) 우리는 율법의 행위(혹은 선행)가 아니라 오직 믿음으로 구원받음을 믿습니다(롬 4:1-3, 엡 2:8). 그러나 그 믿음은 회개를 동반한 것이며(막 1:15, 행 20:21, 히 6:1-2), 사변적인 믿음이 아니라 예수님을 임금과 구주로 영접하는 믿음입니다(행 2:36, 행 5:31, 행 16:31, 롬 10:9-10). 따라서 믿음에는 반드시 행함이 따르게 되어 있고, 행함이 있는 산 믿음이 없는 자는 천국에 들어갈 수 없습니다(마 7:21, 약 2:14).

(2) 우리는 구원받은 사람도 버림받을 수 있다고 믿습니다(롬 11:20-23, 히 6:4-6). 그러므로 누구나 바울처럼 자기의 몸을 쳐서 복종시키고 구원을 이루어 나가야 합니다(고전 9:27, 빌 2:12).

(3) 우리는 비성경적인 은사중단론을 거부합니다. 바울은 온전한 것(재림)이 올 때까지 성령의 은사들이 존재할 것을 분명히 했습니다(고전 1:7, 13:10). 지금은 요엘이 예언한 대로, 성령이 만민에게 부어지는 성령시대입니다(욜 2:28-29). 그러므로 꿈과 이상과 예언을 비롯하여 치유와 축사 등 모든 은사와 기적들이 여전히 존재합니다.

(4) 우리는 동성애를 성경이 금지한 명백한 죄악으로 보며, 동성 간의 결혼을 인정하지 않습니다. 그리고 동성애나 동성 간의 결혼을 묵인하거나 지지하는 자들을 하나님께 속한 자들로 보지 않습니다(롬 1:24-27, 고전 6:9-10). 그들은 속은 자들이며 마귀에게 속한 자들입니다.

(5) 우리는 종교다원주의를 신학 중의 하나가 아니라 명백한 이단으로 규정합니다(요 14:6, 행 4:12, 딤전 2:5). 우리는 이 시대의 대세와 상관없이 우리의 믿음을 지킬 것이며, 그런 주장이 난무하는 단체나 교단이나 교회와 일절 교류하지 않을 것입니다. (이상 5가지를

부흥 교단은 종교개혁 이후 계속 회복 중인 성경적인 진리와 성령의 새 포도주를 담는 새 부대의 역할을 할 참신한 교단입니다.

제외한 다른 것은 다른 교단이나 교회의 가르침과 다르지 않으므로 따로 제시하지 않았음을 알려드립니다.)

2. 상회비

세상에서도 부자는 세금을 더 내고 가난한 자는 덜 냅니다. 따라서 청장년 50명 미만의 교회는 상회비를 목적 헌금을 제외한 총 헌금액의 1%, 100명 미만의 교회는 1.5%, 100명 이상의 교회는 2%로 정하여 내도록 했습니다. 그리고 그 돈을 노회와 총회를 유지하고 어려운 교회를 돕고 선교사를 파송하는 선한 일에 사용하기로 했습니다.

끝으로, 우리는 단지 또 하나의 교단을 세우고자 하는 것이 아닙니다. 우리는 산헤드린 같은 교단이 아니라 사도행전 15장에 나오는 사도들의 회의와 같은 교단을 세우길 원합니다. 즉 성령께서 실제로 노회와 총회에서 자리를 차지하고 발언권과 결정권을 가진, 성령이 주도하는 교단을 세우길 원합니다.

3. 교단 상황

우리 부흥 교단은 2009년 12월 7일에 설립된 신생 교단이고 갖은 음해와 매도 속에 설립되었음에도 불구하고 뜻있는 목회자들이 용기를 내어 자발적으로 가입함으로 현재 130교회를 넘어섰으며 계속 늘어나고 있습니다.

E-mail jesusrevival@daum.net
Tel 070-8275-3079
Website http://www.belovedc.com
http://cafe.daum.net/Bigchurch
주소 서울 송파구 위례성대로22길 27-22

전염병 경보발령!

발행일	2017년 4월 11일 초판 1쇄
지은이	변승우
발행인	변승우
발행처	도서출판 거룩한진주
주 소	서울 송파구 위례성대로22길 27-22 (우) 05655
전 화	02-586-3079
팩 스	02-523-3079
Website	http://www.belovedc.com
	http://cafe.daum.net/Bigchurch(B 대문자)

ISBN 979-11-85914-36-7   03230

저작권자의 허락 없이 이 책의 일부 또는 전체를 무단 복제, 전재, 발췌하면 저작권법에 의해 처벌을 받습니다.

이 도서의 국립중앙도서관 출판예정도서목록(CIP)은 서지정보유통지원시스템 홈페이지(http://seoji.nl.go.kr)와 국가자료공동목록시스템(http://www.nl.go.kr/kolisnet)에서 이용하실 수 있습니다. (CIP제어번호 : CIP2017008004)